Парамаханса Йогананда
(1893–1952)

Применение силы позитивного мышления

Брат Бхактананда

Серия «Искусство жить»

Неформальные лекции и эссе, публикуемые в серии «Искусство жить» (*"How-to-Live" Series*), впервые появились в журнале *Self-Realization*, издаваемом обществом Self-Realization Fellowship. Подобные материалы также содержатся в различных сборниках, а также аудио- и видеозаписях SRF. Серия «Искусство жить» была создана по многочисленным просьбам наших читателей, желавших иметь под рукой карманные брошюры, освещающие различные аспекты учений Парамахансы Йогананды. Данная серия публикаций передает духовные наставления Шри Йогананды и его ближайших учеников, членов монашеского ордена Self-Realization Fellowship, многие из которых долгие годы обучались у почитаемого во всём мире духовного учителя. Время от времени эта серия пополняется новыми публикациями.

Название англоязычного оригинала, издаваемого
обществом Self-Realization Fellowship, Лос-Анджелес, Калифорния:
Applying the Power of Positive Thinking

ISBN: 978-0-87612-385-0

Перевод на русский язык: Self-Realization Fellowship

Copyright © 2025 Self-Realization Fellowship

Все права защищены. Без предварительного разрешения Self-Realization Fellowship перепечатка (за исключением кратких цитат для рецензий) и распространение книги «Применение силы позитивного мышления» (*Applying the Power of Positive Thinking*) в любой форме — электронной, механической или любой другой, существующей сегодня или в будущем, включая фотокопирование, звуковую запись или хранение ее в информационных и принимающих системах — является нарушением авторских прав и преследуется по закону. За справками обращайтесь по адресу: Self-Realization Fellowship, 3880 San Rafael Avenue, Los Angeles, California 90065-3219, USA

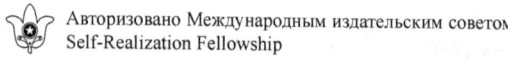 Авторизовано Международным издательским советом Self-Realization Fellowship

Название общества Self-Realization Fellowship и его эмблема, помещенная выше, присутствуют на всех книгах, аудио- и видеозаписях, а также других публикациях SRF, удостоверяя читателя, что он имеет дело с материалами организации, которая основана Парамахансой Йоганандой и передает его учения точно и достоверно.

Первое издание на русском языке, 2025
First edition in Russian, 2025
Издание 2025 года
This printing 2025

ISBN: 978-1-68568-248-4

1568-J8787

Существует Сила, способная осветить ваш путь к здоровью, счастью, покою и успеху. Вам нужно лишь обратиться лицом к этому Свету.

— Парамаханса Йогананда

Применение силы позитивного мышления

Брат Бхактананда

Лекция, прочитанная в Главном международном центре Self-Realization Fellowship[1], Лос-Анджелес, Калифорния, 22 ноября 1977 года

Все живое — все сущее в мироздании — сотворено из мысли. Но поскольку сознание большинства людей зациклено преимущественно на физическом аспекте бытия, им сложно поверить в то, что материальные вещи — деревья, камни, их тела — сотканы из идей. Если же они копнут глубже, то узрят, что материя по сути является энергией, а энергия по сути — это мысль[2]. Парамаханса

---

[1] Букв. «Содружество Самореализации»; произносится как [сэлф риализэйшн феллоушип]; сокр. SRF [эс-эр-эф]. Парамаханса Йогананда объяснил, что название общества означает «союз с Богом через Самореализацию (осознание своего истинного „Я") и братскую дружбу со всеми искателями Истины».

[2] С древних времен мудрецы Индии учили, что физический мир сотворен из мысли, «раздробленной» на мелкие частицы иллюзией *майи* (букв. «измеритель») и сформованной в объекты материального мира. Открытия в области современной физики вторят этой идее довольно любопытным образом. Фритьоф Капра, доктор философии и автор книги «Дао физики», пишет:

«Атомы состоят из частиц, которые, в свою очередь, образованы отнюдь не из материальных веществ. При их изучении мы не видим никакой субстанции, мы наблюдаем динамические паттерны, постоянно сменяющиеся друг друга, — непрерывный танец энергии. [Теория квантовой механики] отражает невозможность отделения научного наблюдателя от наблюдаемого феномена... Она подразумевает, что структуры и феномены, которые мы

Применение силы позитивного мышления

Йогананда объяснял нам, что весь мир берет начало в уме, в сознании Бога. Творец сконденсировал — другими словами, «заморозил» — Свои мысли в паттерны света и энергии, после чего — в протоны, электроны, атомы и молекулы, составляющие структуру этого материального мироздания. И Парамахансаджи[3] говорил, что каждый из нас также является творцом, подобно Богу, ибо все мы сотворены по Его образу и подобию. Он наделил нас силой мысли, и именно она является инструментом созидания.

Таким образом, все берет начало в уме — даже если мы этого не разумеем. Например, прекрасная скульптура не есть продукт лишь долота да молота: в ее основе лежат тысячи мыслей. Молот и долото лишь помогают удалить с каменной или мраморной глыбы излишки, чтобы в итоге материализовать идеи скульптора. Без его мыслей изваяния как такового бы не существовало. Аналогично этому, миллионы мыслей, которые мы порождаем на протяжении многих лет, «высекают» важнейшее изваяние — нашу жизнь. Вот почему позитивное мышление имеет такое большое значение.

Ум — фабрика по производству магии

Задавались ли вы когда-нибудь вопросом, почему люди столь отличны друг от друга в плане внешности, здоровья,

---

наблюдаем в природе, являются не чем иным, как порождением нашего ума, привыкшего измерять и упорядочивать».

[3] *-джи* — составная часть имени или духовного титула в Индии, обозначающая уважительное отношение.

способностей и так далее? Все дело в образе мышления: наши мысли склонны к материализации. Видите ли, Бог наделил нас не только сознанием и способностью думать, но и свободой изъявления мыслей и действий. Наши негативные мысли рано или поздно приводят к болезни, нищете, несчастью и всевозможным трудностям на нашем жизненном пути. При позитивном же мышлении мы привлечем к себе здоровье, успех и счастье. Вот так вот все просто. Эти факторы коренятся в мышлении.

Наш Гуру[4] неустанно акцентировал внимание на силе мысли. Иной раз он называл ум «фабрикой по производству магии», где штампуется буквально все — как хорошее, так и плохое. Он нам говорил: когда мысль долгое время направлена в одно и то же русло, в астральном мире — сфере тонких энергий, из которой и сконденсирован материальный мир — образуется некая матрица, шаблон. И, если мы продолжим придерживаться данного образа мышления, сей шаблон со временем материализуется — будь то в теле, в уме или же в нашей духовной жизни.

К примеру, если вы все время думаете о той или иной болезни, она навестит ваше тело. Мастер нам постоянно напоминал: «Не зацикливайтесь на мыслях о болезни и не бойтесь ее, ибо такая концентрация на негативе может привлечь данный недуг в ваше тело». Бактерии и микробы живут внутри и вокруг нас. Пока наше тело

---

4 См. *гуру* в глоссарии.

сильно и здорово, оно сопротивляется болезни; однако стоит нам подумать, что мы слабы, уязвимы или больны, как жизненная энергия тут же на это реагирует. Наши органы слабеют, гланды воспаляются — в общем, болезнь вступает в свою силу. Клетки нашего тела контролируются умом. Они говорят: «Что ж, коли начальник внушил нам эту мысль — надо повиноваться».

Из этого следует, что быть оптимистом и верить в Бога и свои силы — значит правильно распоряжаться собственным умом. Если мы продолжим сохранять позитивный настрой даже во времена невзгод, условия обязательно изменятся к лучшему. Конечно, в иных случаях на это может уйти больше времени — все зависит от тяжести конкретного кармического бремени[5], — но позитивное мышление разрушит кармический фактор болезни куда быстрее, если мы прилагаем усилия. Мастер часто повторял: «Сохраняя позитивный настрой, вы узрите, как к вам на подмогу придут мистические силы, которые посодействуют в обретении желаемого». Эти «мистические силы» — тонкие астральные токи, что активируются силой мысли.

Негативное мышление сковывает нас

Негативный настрой стесняет нас в любых начинаниях. Говорят, когда индийский махаут слезает со слона, он привязывает животное к столбу или колышку

---

5 См. *карма* в глоссарии.

соломенной веревкой. А когда он возвращается, застает его на том же месте. Слон думает, что намертво привязан к колышку, хотя в действительности он мог бы легко освободиться одним рывком своей шеи. Порой и мы ведем себя так же: сковываем себя многообразными сомнениями и негативными мыслями, идеями и воззрениями. Они убеждают нас, что мы не сможем выйти из сложной ситуации. Но мы способны это сделать. Все, что нам нужно, — направить мысли в позитивное русло.

Мастер часто рассказывал о том, как шаблонное мышление влияет на массовое сознание. К примеру, в 1929 году, когда в этой стране произошел биржевой крах, позакрывались фабрики и фермы, денег в обращении было мало. Люди бедствовали, многие наложили на себя руки. Но Мастер отмечал: фабрики по-прежнему были, фермы по-прежнему были, люди по-прежнему были, деньги как таковые в стране имелись. Почему же тогда случились такие перемены? Он говорил, что они произошли именно в сознании людей, в их умах. Так выглядит массовое негативное мышление. Когда большое количество людей мыслит одинаково негативно, их мысли сеют хаос в природе и даже оказывают воздействие на ход мировых событий.

Этот принцип распространяется и на отдельных индивидуумов. В любой работе и карьере успех напрямую зависит от позитивного мышления. Те, кто терпит неудачу, зачастую недостаточно сосредоточены на целях, которых хотят достичь, или просто думают: «Правильные „связи" помогут мне получить более высокую должность». Но реальная сила, лежащая в основе успеха, опирается вовсе не на «связи», а на креативное мышление и усердный труд во благо материализации позитивных мыслей.

Я как-то читал о коммивояжере, который зарабатывал пятнадцать тысяч долларов в год (как процент от продаж), колеся по всему Огайо по поручению своей фирмы. В какой-то момент та предположила, что он мог бы урезать зону своих разъездов вдвое, дабы не тратить столько времени на дорогу и посещать больше клиентов, тем самым увеличив продажи. Но такая тактика не помогла: он по-прежнему зарабатывал лишь пятнадцать тысяч в год. Тогда фирма решила вновь уполовинить территорию его деловых поездок, сократив ее до четверти всего штата. Результаты оказались все те же: пятнадцать тысяч в год. В итоге фирма заключила, что он просто не может преодолеть психологическую отметку в пятнадцать тысяч долларов, и перестала пытаться помочь ему увеличить его доход!

Порой мы ведем себя так же — например, в медитации. Мы можем выставить в своем уме психологическую отметку в пятнадцать или шестьдесят минут и таким образом оказаться в определенной ментальной колее, и перестать прилагать усилия к ее преодолению. Вот почему полезно практиковать более длительные медитации как минимум раз в неделю: это позволит нам понять, что мы можем медитировать дольше и глубже. Если мы хотим прогрессировать, нам надлежит постоянно расширять свое сознание. Мы не должны удовлетворяться лишь толикой покоя в медитации: нам надо беспрестанно взбираться вверх, пока мы не достигнем Бога. Есть такая индийская поговорка: «Целясь в небеса, выше дерева не бросишь». У нас с вами высочайшая цель — осознание Бога, и, если мы хотим ее достичь, целиться нужно *очень* высоко.

Как преодолеть негативное мышление

Если вам сложно сохранять позитивный настрой, если вас терзают сомнения или вы постоянно думаете о болезни либо зациклены на иной негативной мысли, почитайте «Научные целительные аффирмации», «Метафизические медитации» или *Whispers From Eternity*, написанные Парамахансаджи. Мастер включил в них аффирмации, помогающие укрепить наш ум и взрастить тем самым позитивный настрой. Эти аффирмации — утверждения истины, а истина состоит в том, что мы божественные существа, неподвластные болезням и любым ограничениям. В действительности мы совершенны. Мы чисты. Принимая негативные мысленные установки, мы убеждаем себя в том, что страдаем. Практика аффирмаций — прекрасный метод укрепления ума и сохранения позитивного настроя, с помощью которого мы можем проявить себя как божественные души, каковыми мы и являемся.

Много лет назад я познакомился с господином, который был не в состоянии ладить с окружающими. Он все время кого-то критиковал, ссорился с женой и коллегами. Он знал, что вина лежит на нем, но не мог измениться. Однажды он посетил Голливудский храм, где Мастер как раз проводил службу. По ее окончании он зашел в книжную лавку и приобрел «Научные целительные аффирмации». Он читал и перечитывал эту книжку от корки до корки по два часа в день, а позднее поведал мне, что спустя десять дней стал совершенно другим человеком — с позитивным образом мышления. С годами я самолично наблюдал результат: вся его жизнь переменилась к лучшему.

Вера в Бога

Практика аффирмаций — ментальный метод культивации позитивного образа мышления. Духовный же метод заключается в развитии своей веры в Бога. Уповая на Бога, мы обнаруживаем, что Он всегда с нами. Оптимизм и позитивный подход делают нас восприимчивыми к Его покровительству. Дабы взрастить в себе такую веру, мы должны медитировать каждое утро и каждый вечер, а также практиковать Божье присутствие в течение дня: так наш ум всегда будет сосредоточен на Нем. Полезно также читать книги Мастера. Смысл в том, чтобы «погрузиться в колею» духовной мысли и стараться задержаться в ней. Как можно обрести Бога, если мы даже не думаем о Нем?

Мастер любил говорить: «Царство Божие пребывает в силе мысли». Мысль о Господе пробуждает внутри нас божественную вибрацию, которая автоматически истребляет весь негатив. Думайте о Духе: это мощнейший фактор для поддержания позитивного мышления.

Позитивный настрой нашего Гуру

Наш Гуру всегда был настроен на позитивный лад. Он жил и и наставлял нас в позитивном ключе. Если кто-то был угрюм, он сразу это чувствовал. Человек мог об этом даже не говорить: Мастер непосредственно ощущал негативную вибрацию. И он не терпел негативного подхода от своих учеников. Порой я замечал, что, если кто-то выражал пессимизм, Мастер просто от него отворачивался; его лицо преисполнялось решимости. Он сопротивлялся этой негативной мысли, выбрасывая ее из своего сознания. Его ум был настолько духовно силен, что укорененная в нем мысль неизбежно материализовывалась. Именно поэтому он всегда был начеку и отторгал негативный образ мышления.

Я никогда не слышал, чтобы Мастер разговаривал в негативном или критическом ключе. Он либо говорил что-то позитивное и конструктивное, либо не говорил вовсе. Такой подход преподал нам важный урок: *не говорите и не думайте о негативном.*

Вопрос из аудитории: «Некоторые из нас вовлечены в деятельность комитетов, в которых обсуждаются оба аспекта проблемы, включая и негативный. Не противоречит ли это принципам, которым обучал Парамаханса Йогананда?»

Вовсе нет. Если такова ваша работа, вам надлежит анализировать все нюансы сложившейся ситуации. Взяв в расчет негативный фактор, вы можете взглянуть на проблему под правильным углом. Но в конечном итоге вам необходимо прийти к позитивному заключению и двигаться в этом направлении. Уже тогда о негативных сценариях можно забыть.

Например, ранее я говорил о том, что Мастер учил нас не думать и не говорить о болезни или недомогании. Когда кто-то в ашраме заболевал или получал травму, мы не должны были это обсуждать, дабы не цементировать мысль о недуге, которая могла бы затруднить процесс выздоровления. Часто бывало, так, что, если кто-то из обитателей ашрама болел, другие в большинстве своем об этом даже не ведали. Однако — и это уже перекликается с вашим вопросом — те, кому надлежало заботиться о больном, знали о всех аспектах ситуации, в том числе и о негативном, и делали все от них зависящее, чтобы помочь человеку выздороветь. Но Мастер велел им не говорить об этом остальным.

То же касалось и его планов по строительству. Встретившись с несколькими учениками и обсудив все аспекты проекта, он начинал над ним работать — и никаких анонсов. Только когда строительство было уже в самом разгаре, он мог об этом рассказать другим. Причина такого подхода заключалась в том, что некоторые люди изначально отнеслись бы к проекту негативно, а он не желал, чтобы сомнения и скептицизм нарушили деятельность, которой он занимался по наитию Бога. Он знал, что сила мысли способна как помогать, так и препятствовать. Мы приучали себя делать то, о чем он просил, не занимаясь поиском изъянов или оправданий и не проявляя пессимизма. И всякий раз мы обнаруживали, что в своих планах он никогда не ошибался!

Помощь Гуру способна исцелить нас от негатива

В первые дни своего пребывания в ашраме я услышал негативную дискуссию, которая заронила во мне зерно сомнения. Видите ли, будучи новоприбывшим, я не обладал большим пониманием. И вот как-то раз ко мне в коридоре подошел Мастер и сказал: «Смотрю, ты проводишь ночи в сомнениях!» Я подумал: «Ну надо же! Кто ему об этом сообщил? Я ведь ни с кем об этом не говорил». Но потом я понял, что он интуитивно знал, что творится в моей голове.

Я прилагал усилия, чтобы избавиться от сомнений, но они все не уходили. Спустя пару недель ко мне вновь подошел Мастер и сказал: «Смотрю, ты по-прежнему проводишь ночи в сомнениях! Почему ты растрачиваешь свое время таким образом?» Он знал: всякий раз, когда я садился медитировать, мой ум был сосредоточен не на Боге, а на сомнениях. Я стал прилагать еще больше усилий, но дурные мысли меня не покидали.

Спустя еще несколько месяцев, после одного из богослужений, когда вокруг Мастера стояло много людей, они все внезапно расступились и он направился ко мне. Мы остались наедине. Выглядело это необычно, поскольку, куда бы Мастер ни пошел, его всегда окружала толпа людей. Возможно, в тот момент он применил некий «обратный магнетизм», понудивший всех разойтись. Мастер сказал: «Смотрю, ты до сих пор сомневаешься. Дьявол, изыди!» Я подумал: «Что он имеет в виду?» — ведь я ничего не увидел и не почувствовал. Но с того самого момента скепсис ушел: сомнения просто выветрились из головы. Такова сила слов Гуру.

Это напомнило мне изгнание Иисусом семи бесов из Марии Магдалины[6]. То были семь глубоко укоренившихся в ней привычек. Несомненно, Мастер обладал той же способностью. Он помогал нам тогда, и он продолжает помогать нам сейчас. Многие из тех, кто пришел в Self-Realization Fellowship уже после кончины Мастера, рассказывали мне, как, мысленно настроившись на него, они избавлялись от дурных привычек и негативного образа мышления.

Он всегда готов нам помочь, но мы и сами должны прилагать усилия, помня, что позитивное мышление

---

6 Лк. 8:2.

— ключ к нашему прогрессу. Конструктивные мысли нас укрепляют, а негативные — разрушают. Если мы наполним свое сознание возвышенными мыслями, задействуя аффирмации, веру в Бога и собственные силы, которыми мы наделены, будучи Его детьми, а также повсеместно практикуя его присутствие, мы всецело познаем значение слов Мастера: «Царство Божие пребывает в силе мысли».

Об авторе

Брат Бхактананда был прямым учеником Парамахансы Йогананды и монахом Self-Realization Fellowship в течение более чем шестидесяти лет. Он родился в Питтсбурге, штат Пенсильвания, в семье выходцев из Украины. Во времена Великой депрессии он, как и многие другие молодые люди, трудился на нескольких работах, чтобы обеспечить себя и свою семью, а также какое-то время изучал бизнес-администрирование в Университете Дюкейна. В 1939 году, когда друг ознакомил его с учениями Парамахансы Йогананды, он начал читать *Уроки Self-Realization Fellowship*. Спустя шесть месяцев он приехал в Лос-Анджелес, где стал монахом Self-Realization Fellowship, и в течение последующих двенадцати лет обучался под прямым духовным водительством Шри Йогананды.

С 1971 года — вплоть до своей кончины в 2005 году — брат Бхактананда заведовал Голливудским храмом Self-Realization Fellowship, учреждённым Парамахансой Йоганандой в 1942 году. Он не только регулярно проводил духовные службы и дважды в год вёл серии занятий по учениям Парамахансы Йогананды, но также курировал духовные мероприятия многочисленных прихожан храма. В течение многих лет он был любимым духовным советником для тысяч членов Self-Realization Fellowship.

О Парамахансе Йогананде (1893–1952)

«В жизни Парамахансы Йогананды в полной мере проявился идеал любви к Богу и служения человечеству... Хотя большую часть своей жизни Йогананда провел за пределами Индии, он тем не менее занимает особое место среди наших великих святых. Его работа продолжает приносить свои плоды и сияет все ярче, привлекая людей всего мира на путь духовного паломничества».

— из сообщения индийского правительства, посвященного выпуску памятной марки в честь Парамахансы Йогананды

Парамаханса Йогананда родился в Индии 5 января 1893 года. Он посвятил свою жизнь служению людям всех рас и вероисповеданий, помогая им осознать и полнее выразить в своей жизни истинную красоту, благородство и божественность человеческого духа.

По окончании Калькуттского университета в 1915 году Парамаханса Йогананда принял обет монаха древнего индийского монашеского ордена Свами. Двумя годами позже он приступил к главному труду своей жизни — духовному наставничеству, основав йогическую школу («how-to-live» school). Сегодня во всей Индии уже насчитывается двадцать одно учебное заведение такого рода, где традиционные школьные предметы сочетаются с практикой йоги и воспитанием духовных идеалов. В 1920 году его пригласили на Международный конгресс религиозных либералов в Бостоне в качестве представителя от Индии. Его выступление на конгрессе и последовавшие за ним лекции в городах Восточного побережья

США были приняты с огромным энтузиазмом, и в 1924 году он отправился в трансконтинентальное лекционное турне.

На протяжении трех последующих десятилетий Парамаханса Йогананда вносил неоценимый вклад в распространение на Западе теоретических и практических знаний о духовной мудрости Востока. В 1920 году он основал религиозную организацию, объединяющую людей разных конфессий, — общество Self-Realization Fellowship — и разместил ее главный международный центр в Лос-Анджелесе. Написав множество трудов, совершив ряд больших лекционных турне и основав многочисленные храмы и медитационные центры SRF, он сумел познакомить тысячи искателей истины с древней философией йоги и ее универсальными методами медитации.

В наши дни его духовная и гуманитарная работа продолжается под руководством брата Чидананды, президента Self-Realization Fellowship/Yogoda Satsanga Society of India. Помимо издания письменных трудов Парамахансы Йогананды, его лекций, неформальных бесед и всеобъемлющей серии *Уроков Self-Realization Fellowship*, общество курирует работу храмов, ретритов, медитационных центров и монашеских общин Self-Realization Fellowship, а также Всемирного круга молитвы.

Освещая в своей статье жизнь и труд Парамахансы Йогананды, доктор наук и профессор кафедры древних языков в колледже Скриппс Куинси Хау-младший написал о нем следующее: «Парамаханса Йогананда принес из Индии не только вечную надежду на постижение Бога, но и практический метод, при помощи которого духовные искатели разных толков могут быстро продвигаться к этой цели. Духовное наследие Индии, первоначально признанное на Западе лишь на уровне чего-то возвышенного и абстрактного, стало доступным в наше время в виде практического опыта для всех тех, кто стремится познать Бога — не по ту сторону, а здесь и сейчас… Самый возвышенный метод созерцания Йогананда сделал доступным для всех».

Глоссарий

Аватар (avatar). От санскр. *avatara* («нисхождение»); тот, кто обретает единство с Духом, а затем возвращается на землю, чтобы помогать человечеству.

Астральный мир (astral world). Тонкая сфера света и энергии, лежащая в основе физического мира. Каждое существо, каждый предмет, каждая вибрация в физическом мире имеет своего астрального двойника, поскольку астральный мир («небеса») содержит в себе энергетическую копию физического мира. Более подробное описание астрального и еще более тонкого каузального (идеального) мира можно найти в 43-й главе книги Парамахансы Йогананды «Автобиография йога».

Аум (Ом) (Aum, Om). Санскритское корневое слово-звук, символизирующее тот аспект Всевышнего, который творит все сущее и поддерживает в нем жизнь; основа всех звуков; Космическая Вибрация. У тибетцев ведический *Аум* стал священным словом *Хам*; у мусульман — *Амин (Аминь)*; у египтян, греков, римлян, иудеев и христиан — *Аминь*. Мировые религии утверждают, что все сотворенное рождается в космической вибрационной энергии *Аум* (Аминь, Слово, Святой Дух). «В начале было Слово, и Слово было у Бога, и Слово было Бог... Все чрез Него начало быть, и без Него ничто не начало быть, что начало быть» (Ин. 1:1, 3).

Ашрам (ashram). Духовная обитель, часто — монастырь.

Бхагавад-Гита (Bhagavad Gita). «Песнь Господня»; древнее священное писание Индии, часть эпического сказания «Махабхарата». Представленная в форме диалога между *аватаром* Господом Кришной и его учеником Арджуной накануне исторической битвы на Курукшетре, Бхагавад-Гита является глубоким трактатом о йоге — науке сдинения с Богом — и вечным рецептом счастья и успеха в повседневной жизни.

Бхагаван Кришна (Господь Кришна). *Аватар*, живший в Древней Индии за много веков до рождения Иисуса Христа. Его учение о Йоге представлено в священной Бхагавад-Гите. В индуистских писаниях слово «Кришна» имеет несколько значений, одно из которых — «Всеведущий Дух». Поэтому «Кришна», как и «Христос», — это духовный титул, обозначающий божественное величие *аватара*, его единство с Богом.

Гуру (Guru). Духовный учитель. *Гуру-гита* (стих 17) точно описывает гуру как «того, кто рассеивает тьму» (от *гу* — «тьма» и *ру* — «тот, кто рассеивает»). Зачастую так называют любого учителя или инструктора, что само по себе ошибочно. Истинный, просветленный гуру — это тот, кто обрел власть над самим собой и осознал свое тождество с вездесущим Духом. Только такой гуру обладает надлежащей духовной квалификацией для того, чтобы направлять богоискателя в его внутреннем духовном поиске.

Ближайшим эквивалентом термина *гуру* на английском языке выступает слово «Мастер». Именно его зачастую используют ученики при уважительном обращении к Парамахансе Йогананде или его упоминании.

Духовное око (spiritual eye). Единое око интуиции и вездесущего восприятия в центре Христа (*Кутастха*), расположенном в межбровье; врата в наивысшие состояния сознания. В глубокой медитации духовное, или «чистое», око можно узреть в виде сияющего золотого кольца, обрамляющего темно-синюю сферу, внутри которой горит яркая звезда. Этот всеведущий глаз упоминается в священных писаниях как «третий глаз», «звезда Востока», «внутренний глаз», «голубь, сходящий с небес», «глаз Шивы» и «глаз интуиции».

Иисус также говорил о духовном оке: «Светильник для тела есть око. Итак, если око твое будет чисто, то и все тело твое будет светло...» (Мф. 6:22).

Йога (от санскр. *уиj* — «единение») — единение индивидуальной души с Духом, а также методы, с помощью которых достигается это единение. Существуют различные методы йоги; Парамаханса Йогананда обучал *Раджа-йоге* — «царственной», или «совершенной», йоге, которая делает акцент на практике научных техник медитации. Мудрец Патанджали, выдающийся толкователь йоги, выделил восемь ступеней, ведущих практикующего *Раджа-йогу* к *самадхи* (единению с Богом), а именно: (1) *яма*, нравственное поведение; (2) *нияма*, соблюдение религиозных предписаний; (3) *асана*, правильная поза для достижения неподвижности тела; (4) *пранаяма*, контроль над *праной*, тонкими жизненными токами; (5) *пратьяхара*, самоуглубление; (6) *дхарана*, концентрация; (7) *дхьяна*, медитация; (8) *самадхи*, состояние сверхсознания.

Карма (karma). Последствия действий, свершенных в этой или в прошлых жизнях. Кармический закон есть закон действия и противодействия, причины и следствия, сеяния и пожинания. Каждый человек сам формирует свою судьбу своими мыслями и действиями. Та энергия, которую он сам — благоразумно или же по собственному неведению — приводит в действие, должна вернуться к нему как к своей исходной точке, подобно тому, как круг неизбежно замыкает самого себя. Понимание кармы как закона справедливости помогает освободить человеческий разум от обид на Бога и человека. Карма неотделима от человека и следует за ним от инкарнации к инкарнации — до тех пор, пока она не будет отработана или преодолена духовно. (См. *реинкарнация*.)

Космическое Сознание (Cosmic Consciousness). Абсолют; Дух за пределами мироздания. Этот термин также обозначает достигаемое в медитации состояние *самадхи* — единение с Богом как внутри вибрационного мироздания, так и за его пределами.

Крийя-йога (Kriya Yoga). Священная духовная наука, зародившаяся в Индии несколько тысячелетий назад. Будучи формой *Раджа-йоги*, она включает в себя продвинутые техники медитации, которые ведут к прямому контакту с Богом. Подробное описание *Крийя-йоги* дается в 26-й главе «Автобиографии йога», а получить саму технику могут ученики SRF, подписавшиеся на *Уроки Self-Realization Fellowship Lessons* и выполнившие определенные духовные требования.

Кришна (Krishna). См. *Бхагаван Кришна*.

Майя (maya). Заложенная в структуре мироздания космическая иллюзия, из-за которой Единое Целое представляется множеством. *Майя* — это принцип относительности, контрастности, двойственности, противоположности; это Сатана (ивр. — «противник») в Ветхом Завете. Шри Йогананда писал: «На санскрите слово *майя* буквально означает „измеритель"... *Майя* — это магическая сила в мироздании, из-за которой в Неизмеримом и Нераздельном возникает видимость ограничений и деления... Единственная функция Сатаны (то есть *майи*) в божественном замысле-игре (*лиле*) состоит в том, чтобы отвлекать человека от Духа к материи, от Реальности к ирреальному... *Майя* — это покров преходящих состояний в Природе, бесконечного рождения новых форм; это покров, который каждый человек должен отбросить, чтобы увидеть за ним Творца, неизменяемое Неизменное, вечную Реальность».

Парамаханса (Paramahansa). Титул духовного мастера, достигшего высшего состояния неразрывного единения с Богом. Только истинный гуру может присвоить этот титул своему достойному ученику. Свами Шри Юктешвар присвоил этот титул Парамахансе Йогананде в 1935 году.

Сатана (Satan). См. *майя*.

Самадхи (Samadhi). Духовный экстаз; опыт сверхсознания; в высшем смысле — единение с Богом как с высшей Реальностью, пронизывающей все сущее.

Самореализация (Self-realization). Парамаханса Йогананда дал следующее определение Самореализации как осознания своего истинного «Я»: «Самореализация — это знание телом, умом и душой, что мы едины с вездесущностью Бога и нам не нужно молиться о ней; что она не просто рядом с нами в каждый миг нашей жизни, но что вездесущность Бога — это наша собственная вездесущность и мы сейчас — такая же часть Бога, какой будем всегда. Нам нужно лишь усовершенствовать это знание».

Реинкарнация (Reincarnation). Теория реинкарнации подробно рассматривается в 43-й главе «Автобиографии йога» Парамахансы Йогананды. Там объясняется, что, согласно закону *кармы*, прошлые действия людей порождают определенные последствия, которые притягивают их обратно в материальный мир. Они возвращаются на землю жизнь за жизнью, чтобы проходить через переживания, являющие собой результат этих действий, и продолжать процесс духовной эволюции, чтобы в итоге постичь совершенство души и обрести единение с Богом.

Христово Сознание (Christ Consciousness). «Христос», или «Христово Сознание», суть спроецированное сознание Бога, имманентно присутствующее во всем мироздании. Оно же Единородный Сын в Библии, единственно чистое отражение Бога Отца во всем сущем. В индуистских священных писаниях оно называется *Кутастха Чайтанья*, а также *Тат* (космический разум Духа, пронизывающий все мироздание). Это то универсальное, единое с Богом Сознание, которое было проявлено в Иисусе, Кришне и других *аватарах*. Святые и йоги знают его как состояние *самадхи*, в котором сознание отождествляется с разумом каждой частицы мироздания; они ощущают Вселенную как свое собственное тело. См. *Троица*.

Я (Self). С заглавной буквы — *атман* (душа, божественная суть человека), со строчной — малое «я», то есть человеческая личность, эго. Высшее «Я» есть индивидуализированный Дух, чья истинная природа — вечно сущее, вечно сознательное, всегда новое Блаженство.

КНИГИ ПАРАМАХАНСЫ ЙОГАНАНДЫ НА РУССКОМ ЯЗЫКЕ

Издательство Self-Realization Fellowship

«Автобиография йога»

«Вечный поиск»

«Божественный роман»

«Путь к Самореализации»

«Закон успеха»

«Как говорить с Богом»

«Метафизические медитации»

«Научные целительные аффирмации»

«Религия как наука»

«Высказывания Парамахансы Йогананды»

«Внутренний покой»

«Там, где свет»

«Почему Бог допускает зло»

«Быть победителем в жизни»

«Жить бесстрашно»

В издательстве «София» (www.sophia.ru) можно приобрести следующие книги:

«Автобиография йога»

«Бхагавадгита: Беседы Бога с Арджуной»

Другие издания
Self-Realization Fellowship
на русском языке

«Только любовь»
Шри Дайя Мата

«Как найти радость внутри себя»
Шри Дайя Мата

«Отношения между гуру и учеником»
Шри Мриналини Мата

«Проявление Божественного сознания в повседневной жизни»
Шри Мриналини Мата

Книги
Парамахансы Йогананды
на английском языке

Доступны напрямую у издателя:
Self-Realization Fellowship
3880 San Rafael Avenue • Los Angeles, California 90065-3219
Тел. +1 (323) 225-2471 • *Факс* +1 (323) 225-5088
www.srfbooks.org

Autobiography of a Yogi

Autobiography of a Yogi
(Аудиокнига, читает Сэр Бэн Кингсли)

The Second Coming of Christ:
The Resurrection of the Christ Within You
Комментарий-откровение изначального учения Христа

God Talks with Arjuna: The Bhagavad Gita
Новый перевод и комментарии

Man's Eternal Quest
Первый том собрания лекций, эссе и неформальных бесед
Парамахансы Йогананды

The Divine Romance
Второй том собрания лекций, эссе и неформальных бесед
Парамахансы Йогананды

Journey to Self-Realization
Третий том собрания лекций, эссе и неформальных бесед
Парамахансы Йогананды

Wine of the Mystic:
The Rubaiyat of Omar Khayyam — A Spiritual Interpretation
Вдохновенный комментарий, проливающий свет на мистическую науку общения с Богом, на которую указывают таинственные образы «Рубайята»

Where There Is Light:
Insight and Inspiration for Meeting Life's Challenges

Whispers from Eternity
Собрание вдохновенных молитв Парамахансы Йогананды и его запечатленных переживаний во время общения с Богом в высших стадиях медитации

The Science of Religion

The Yoga of the Bhagavad Gita:
An Introduction to India's Universal Science of God-Realization

The Yoga of Jesus:
Understanding the Hidden Teachings of the Gospels

In the Sanctuary of the Soul:
A Guide to Effective Prayer

Inner Peace:
How to Be Calmly Active and Actively Calm

To Be Victorious in Life

Why God Permits Evil and How to Rise Above It

Living Fearlessly:
Bringing Out Your Inner Soul Strength

How You Can Talk With God

Metaphysical Meditations
Более трехсот вдохновенных медитаций и одухотворенных молитв и аффирмаций Парамахансы Йогананды

Scientific Healing Affirmations
Парамаханса Йогананда дает здесь глубокое объяснение принципу действия целительных аффирмаций

Sayings of Paramahansa Yogananda
Короткие истории, в которых запечатлены искренние, пронизанные любовью советы и наставления Парамахансы Йогананды всем тем, кто обращался к нему за духовным руководством

Songs of the Soul
Мистическая поэзия Парамахансы Йогананды

The Law of Success
В этой книге Парамаханса Йогананда объясняет динамические принципы достижения целей

Cosmic Chants
Слова и музыка к шестидесяти духовным песням на английском языке; также прилагается вводная статья о том, как духовное пение способствует общению с Богом

DVD (документальный фильм)

Awake:
The Life of Yogananda
Отмеченный наградами документальный фильм о жизни и работе Парамахансы Йогананды

Другие брошюры серии «Искусство жить»

Парамаханса Йогананда
Answered Prayers

Focusing the Power of Attention for Success

Harmonizing Physical, Mental, and Spiritual Methods of Healing

Healing by God's Unlimited Power

How to Cultivate Divine Love

How to Find a Way to Victory

Remolding Your Life

Where Are Our Departed Loved Ones?

World Crisis

Шри Дайя Мата
How to Change Others

Overcoming Character Liabilities

The Skilled Profession of Child-Rearing

Шри Мриналини Мата
The Guru-Disciple Relationship

Брат Анандамой
Closing the Generation Gap

Spiritual Marriage

Брат Бхактананда
Applying the Power of Positive Thinking

Брат Премамой
Bringing Out the Best in Our Relationships With Others

Парамаханса Йогананда
«Автобиография йога»

Эта знаменитая автобиография представляет собой блестящий портрет одного из величайших духовных деятелей нашего времени. Подкупая своей искренностью и неподражаемым чувством юмора, Парамаханса Йогананда ярко описывает вдохновляющие события своей жизни: неординарные переживания детства; встречи с мудрецами и святыми в пору юношества, когда он ездил по Индии в поисках просветленного учителя; десять лет духовного обучения в ашраме под руководством глубоко почитаемого мастера йоги и тридцать лет духовного наставничества в Америке. Он также запечатлел свои встречи с Махатмой Ганди, Рабиндранатом Тагором, Лютером Бербанком, католической стигматисткой Терезой Нойман и другими знаменитыми духовными личностями Востока и Запада.

«Автобиография йога» представляет собой одновременно увлекательнейший рассказ о совершенно необыкновенной жизни и основательное введение в древнюю науку йоги с ее освященной веками традицией медитации. Автор четко объясняет тонкие, но неизменно действующие законы, стоящие как за обыкновенными событиями повседневной жизни, так и за необыкновенными, которые принято называть чудесами. Захватывающее повествование об удивительной жизни перетекает в проникновенный и незабываемый экскурс в глубочайшие тайны человеческого бытия.

«Автобиография йога», уже ставшая современной классикой, переведена более чем на пятьдесят языков и широко используется в колледжах и университетах в качестве авторитетного справочника. Неизменный бестселлер со дня своего появления в печати более семидесяти лет назад, она нашла свой путь к сердцам миллионов читателей во всем мире.

«Исключительно ценная работа»

— *The New York Times*

«Очаровательное, снабженное исчерпывающими комментариями исследование»

— *Newsweek*

«Ни на английском, ни на каком-либо другом европейском языке йога еще не была представлена подобным образом»

— *Columbia University Pres*

Уроки
Self-Realization Fellowship

Личные наставления и инструкции Парамахансы Йогананды по техникам йогической медитации и принципам духовной жизни

Если вы чувствуете тягу к познанию духовных истин, описанных в брошюре «Применение силы позитивного мышления», мы предлагаем вам подписаться на *Уроки Self-Realization Fellowship* (*Self-Realization Fellowship Lessons*).

Парамаханса Йогананда разработал эту серию уроков для домашнего обучения с той целью, чтобы искренние искатели имели возможность самостоятельно изучать и практиковать древние йогические техники медитации, которые он представил Западу, — включая науку *Крийя-йоги*. *Уроки SRF* содержат, помимо прочего, практическое руководство по обретению сбалансированного физического, психологического и духовного благополучия.

Уроки Self-Realization Fellowship распространяются за символическую плату, чтобы покрыть расходы по печати и отправке материалов по почте. Все обучающиеся могут рассчитывать на бесплатную консультацию по практическим аспектам уроков со стороны монахов и монахинь общества Self-Realization Fellowship.

Если вы желаете знать больше…

Пожалуйста, посетите веб-сайт www.srflessons.org, чтобы запросить брошюру с исчерпывающей информацией по *Урокам SRF*.

www.ingramcontent.com/pod-product-compliance
Lightning Source LLC
Chambersburg PA
CBHW031438040426
42444CB00006B/878